AF193126

LA VIDA
después
DE LA VIDA

PAMELA RAVERA CALLERO

UNIVERSO
de LETRAS

La Vida después de la Vida
Pamela Ravera Calleror

Esta obra ha sido publicada por su autor a través del servicio de autopublicación de EDITORIAL PLANETA, S.A.U. para su distribución y puesta a disposición del público bajo la marca editorial Universo de Letras por lo que el autor asume toda la responsabilidad por los contenidos incluidos en la misma.

Diseño de la cubierta: Equipo de diseño de Universo de Letras
Imagen de cubierta: ©Shutterstock.com

Obra publicada por el sello Universo de Letras
www.universodeletras.com

Primera edición: 2026

ISBN: 9791388010101
ISBN eBook: 9791387716868

Índice

Este libro te lo dedico a vos, que hoy sientes la ausencia de un ser querido y anhelas volver a conectar con él o ella. Quiero recordarte que dentro de ti ya tienes todas las habilidades para comunicarte, porque el lazo que los une es eterno. Aquí encontrarás las herramientas para fortalecer esa conexión, para escuchar lo que tienes que decirte desde el lugar donde estés. Que este viaje sea una fuente de paz, amor y luz, y que cada palabra te acerque más a su presencia, siempre viva en tu corazón.

CONOCE MÁS DE MÍ

Si has llegado hasta aquí, es porque este libro ha tocado tu corazón de alguna manera, y eso me llena de gratitud. Me encantaría saber cómo fue tu experiencia al leerlo, qué emociones despertó en ti y qué aprendizajes te llevas contigo. Te invito a que me escribas y compartas tu historia; estoy aquí para leerte y acompañarte en este viaje.

Además, puedes conocer más sobre mi trabajo visitando mi página web y siguiendo mis redes sociales, donde comparto herramientas, reflexiones y prácticas que pueden ayudarte a profundizar en tu camino espiritual.

Tu voz es importante para mí, ¡no dudes en escribir!

Página Web:
www.pamelaravera.com

Instagram:
@pamelaravera8

Facebook:
Pamela Ravera

Youtube:
Pamela Ravera - Mèdium Psiquica Vidente

PREFACIO

Este libro nació de un profundo llamado a compartir lo que veo y vivo como **médium**. Durante años, he tenido el honor de acompañar a miles de almas a elevarse hacia la luz, ayudándolas a completar su viaje después de la muerte. Sin embargo, fue el fallecimiento de mi abuelo lo que realmente me inspiró a dar este paso y compartir mi experiencia con el mundo. Mi abuelo fue mi guía y mi faro, tanto en vida como en el más allá. Su partida fue un momento transformador para mí, y desde entonces, me ha acompañado en cada etapa de la escritura de este libro. Él, junto a otros **espíritus**, **ángeles** y **guías**, ha sido una fuente inagotable de inspiración y apoyo para que esta obra llegara a tus manos.

Hace dos meses, cuando mi abuelo falleció, me dijo que me acompañaría en algo importante que estaba por hacer, aunque en ese momento yo no sabía exactamente de qué se trataba. Ahora lo entiendo. Este libro lleva su energía, su amor y su luz, y es, en gran parte, un tributo a él.

Escribí este libro para ti, que has perdido a un ser querido. Ya sea que hayan pasado días, semanas, meses o años desde su partida, este libro es una guía para que puedas entender más sobre dónde está, cómo se siente y cómo puedes **comunicarte fluidamente con él o ella**. A través de estas páginas, te invito a conectar no solo con tus seres queridos, sino también contigo mismo, reconociendo que la muerte no es un final, sino una puerta hacia un estado de conciencia mucho más amplio, luminoso y lleno de amor.

Como **médium vidente,** he sido testigo de muchas almas que buscan comunicarse con sus seres queridos, pero que a veces no son escuchadas. Este libro es mi llamado, junto a los **espíritus** que me han acompañado, a ofrecerte una herramienta práctica para que puedas escuchar y entender los mensajes de aquellos que han partido. Todo lo que comparto aquí son enseñanzas que aplico en mi propio **trabajo espiritual** [o **trabajo como médium**], y estoy segura de que esta información traerá luz a tu vida.

Quiero dejarte con una frase que mis **guías** me transmitieron: «Todos somos **médium**». Ser **médium** no es algo exclusivo, sino un don natural que todos poseemos. Significa ser un canal, un puente entre el mundo de las **almas,** los **ángeles,** los **seres de luz** y el nuestro. Nos han enseñado a temer la **mediumnidad,** a verla con desconfianza, pero si estás leyendo esto, es porque ya eres un puente para el más allá, aunque quizás aún no seas plenamente consciente de ello. Este libro te dará todas las herramientas que necesitas para desarrollar esa conciencia.

Con amor y luz,
Pamela Ravera Callero

La muerte es un tema que a menudo se evita, pero es una parte inevitable de nuestra existencia. Cuando un ser querido parte, enfrentamos un mar de emociones: tristeza, confusión, miedo y, a veces, incluso alivio. En esos momentos, nos preguntamos: ¿Dónde está? ¿Cómo está? ¿Podemos comunicarnos con él o ella? Estas preguntas son comunes entre quienes han perdido a alguien cercano, y este libro nace del deseo de responderlas.

Soy Pamela Ravera Callero, **médium vidente**, y a lo largo de mi vida he tenido el privilegio de conectar con el otro lado, escuchando las voces de aquellos que han partido. En este libro, compartiré contigo las revelaciones que he recibido de los **espíritus** sobre lo que sucede después de la muerte y cómo podemos entender mejor esta transición.

«La Vida Después de la Vida» no solo busca ofrecer respuestas, sino también brindarte consuelo y herramientas prácticas para que puedas acompañar a tus seres queridos en su viaje a la **Luz**. Aprenderás sobre los diferentes **planos de existencia**, el papel de los **ángeles** y **guías**, y cómo puedes ayudar a los que han fallecido a encontrar la luz. A través de meditaciones, rituales y reflexiones, descubrirás que la muerte no es un final, sino **un cambio espiritual**.

Mi objetivo es que, al final de este viaje, comprendas que nada muere, todo se transforma. La conexión con nuestros

seres queridos no termina con su partida; más bien, se transforma en una nueva forma de comunicación que trasciende el
tiempo y el espacio. Espero que encuentres paz y claridad al leer
estas páginas.

CAPÍTULO 1

PREPARARSE PARA MORIR

Cuando la vida que conocías se apaga y el **alma** de un ser querido emprende su viaje hacia lo desconocido, es natural que quedes atrapado entre preguntas, emociones intensas y una profunda sensación de vacío. Te encuentras preguntándote: ¿Dónde está ahora? ¿Está bien? ¿Sufrió? ¿Y qué pasa con el **alma** después de la muerte? Las respuestas pueden parecer esquivas, pero a través de las historias y mensajes de los que han partido, es posible vislumbrar un poco de **luz** en este misterio.

Imagina ese momento final, cuando el cuerpo deja de luchar y la respiración se detiene.

Es un instante solemne y silencioso, donde la esencia del ser comienza a liberarse. Algunos describen este proceso como una sensación de liviandad, un desprendimiento suave en el que el alma se eleva mientras el cuerpo queda atrás. No hay dolor, solo una transición natural hacia otra realidad. Desde este punto, la experiencia de cada alma puede ser muy diferente.

Hay quienes, al separarse del cuerpo, son recibidos por seres de luz: guías, ancestros o incluso animales que amaron en vida. Su misión es acompañar, brindar paz y guiar al alma a través de los primeros momentos de su nueva existencia. Imagínalo como un abrazo cálido que envuelve y protege. Pero no todas las almas encuentran este camino de inmediato. Algunas quedan atrapadas en las emociones y las ataduras que las sujetan al plano terrenal.

Los lazos emocionales, los asuntos pendientes o las creencias profundamente arraigadas pueden influir en el destino inmediato del alma. Si una persona murió con miedo, culpa o apego excesivo, su alma puede permanecer cerca de los lugares y personas que conocía, sin avanzar hacia la luz. Este estado no es permanente, pero puede generar sufrimiento tanto para el alma como para quienes permanecen aquí. Sin embargo, hay maneras de ayudar.

La oración sincera, el amor incondicional y la intención clara pueden ser puentes poderosos para guiar a un alma hacia el descanso y la paz. Visualiza a tu ser querido envuelto en luz, libre de cargas, avanzando hacia un espacio donde el amor es infinito y la paz absoluta. Estos actos de amor no solo brindan consuelo a quienes han partido, sino que también ofrecen sanación a tu propio corazón.

El camino del alma no siempre es lineal ni predecible. Al igual que en la vida terrenal, cada experiencia después de la muerte es única. Algunas almas atraviesan reinos de luz pura, mientras que otras enfrentan planos más oscuros, creados por el reflejo de sus propias emociones no resueltas. Pero incluso en los lugares más sombríos, siempre hay guías y seres de luz dispuestos a ayudar.

La clave para entender cómo está un ser querido después de su muerte radica en la percepción. Los sueños, las sincronicidades, los susurros intuitivos o los símbolos repetitivos pueden ser mensajes de aquellos que han cruzado. Estar atento a estas señales es abrirte a una comunicación que trasciende el tiempo y el espacio.

Mientras exploras estas verdades, recuerda que la muerte no es una interrupción, sino un **cambio de estado hacia una nueva conciencia**. La energía no se destruye; simplemente cambia de forma. Tu ser querido sigue existiendo, en un estado de conciencia diferente, pero siempre conectado contigo a través del lazo del amor. Al comprender esto, encontrarás paz, esperanza y el poder de ser un puente entre ambos mundos.

Todos tenemos un **plan álmico** antes de nacer. En este plan, ya sabemos cómo, cuándo y dónde vamos a dejar esta vida. Sin embargo, la muerte no está escrita en piedra. A lo largo de nuestra vida, junto a nuestra **familia de luz (guías espirituales)**, vamos planificando ese momento. No lo decidimos solos: podemos retrasar o adelantar nuestra partida según el proceso que estemos viviendo en la Tierra.

Cuando dormimos, conectamos con los **planos superiores** o con el más allá. Es en estos momentos donde planificamos, con ayuda de nuestros **guías**, nuestro caminar por la Tierra, siempre siguiendo la ruta que ya elegimos antes de nacer.

Antes de llegar a este mundo, ya sabemos quiénes serán nuestros padres, en qué entorno social y cultural viviremos, y qué aprendizajes necesitaremos para evolucionar como almas. El propósito de cada alma es experimentar y evolucionar a través de las vivencias que enfrenta en la vida terrenal.

A lo largo de nuestra vida, este plan puede ir ajustándose. Nada está completamente predeterminado, sino que va desarrollándose según nuestras decisiones y la manera en que llevamos adelante nuestro crecimiento espiritual. Todo el tiempo estamos trabajando en nuestra evolución, y el cómo morimos dependerá de cómo hayamos transitado nuestra vida en la Tierra.

Muchas personas tienen la intuición de que van a morir, a veces con años, meses o semanas de anticipación. Percibir esta cercanía con la muerte depende de la conexión que tengamos con nuestro espíritu. Cuanto más conectados estemos con nuestra esencia espiritual, con mayor claridad recibiremos los mensajes y señales que vienen del más allá.

Desde los planos espirituales, nuestros guías siempre están con nosotros, preparando y guiando el proceso. La muerte nunca ocurre de forma abrupta en el plano espiritual; todo sucede de manera gradual. Mientras que en la Tierra algunas muertes pueden parecer violentas o inesperadas, en el plano espiritual existe un proceso de preparación. Las personas que mueren por enfermedad o de manera repentina pasan por un proceso de desprendimiento similar, aunque las experiencias dolorosas pueden afectar el estado de su alma en los planos tercero y cuarto.

Así como nos tomó nueve meses desarrollarnos en el vientre materno antes de nacer, el espíritu también se prepara antes de partir. Esta preparación comienza unos días antes de la muerte. Aunque aquí en la Tierra pueda parecer repentino, en el mundo espiritual todo tiene un ritmo. Ya sea que estemos naciendo o muriendo, siempre existe una preparación.

El espíritu comienza a prepararse mucho antes de que lo notemos conscientemente. A menudo estamos tan inmersos en nuestras rutinas que no escuchamos lo que nuestro espíritu intenta decirnos. Sin embargo, las señales están ahí, esperando a que las percibamos.

Me gustaría compartir contigo algunas historias de pacientes que me han contado sobre cómo presentía que sus seres queridos estaban por partir.

Una de mis pacientes me habló de su compañero, quien falleció tras una enfermedad. Días antes de su muerte, ella le hacía bromas sobre cómo vestiría de negro en su velatorio. Me explicó que todo surgió porque un día se puso un vestido negro, y él le dijo que lo usaría en su funeral. A veces, esos comentarios que parecen bromas en realidad revelan lo que está por venir, y buscamos maneras amorosas de expresarlo.

Otra paciente me contó sobre la muerte de su hijo. Ella sabía que él se iba a ir porque, varias noches antes de su fallecimiento, soñó que él emprendía un viaje del que no regresaría. Aunque no sabía exactamente cómo sucedería, ella presentía que ese viaje era definitivo.

Estas historias muestran cómo, de una forma u otra, el alma siempre sabe cuándo se acerca el momento de partir. Lo que te invito a hacer es profundizar en la conexión contigo mismo, a través de la meditación y la reflexión. Al conectar con tu espíritu, podrás estar más consciente del proceso de la muerte, no como un fin, sino como una transformación.

¿Qué ocurre en los días previos a la muerte desde el plano espiritual?

Días antes de la muerte, desde el plano espiritual, el alma comienza a prepararse para su transición. Este proceso no solo ocurre en niveles sutiles, sino que también deja señales en nuestra vida diaria.

Las señales son nuestra luz verde y constantemente estamos recibiendo señales del mundo espiritual, ya que somos seres espirituales por naturaleza.

Sin embargo, muchas veces no sabemos reconocerlas porque nadie nos enseñó a prestar atención a esos mensajes que llegan desde el más allá.

A medida que una persona eleva su conciencia y alcanza un mayor estado evolutivo, se vuelve más receptiva a estas señales. Puede percibir con mayor claridad cuándo llegará su momento de partir. Pero vivimos en una sociedad que nos «adormece». Este «sueño» no se refiere al descanso físico, sino a una desconexión profunda de nuestra esencia espiritual.

Nos bloqueamos y permitimos que creencias externas nos hagan olvidar nuestra naturaleza divina. Este adormecimiento colectivo ha causado que nuestra alma pierda conexión con el cuerpo, lo que nos impide estar alertas a estas señales o reconocer el momento de nuestra muerte.

Reacciones ante señales de muerte

Cuando las personas perciben señales de que un ser querido está próximo a partir, suelen experimentar rechazo, resistencia y negación. Esto se debe al tabú social que rodea a la muerte, un tema que muchas veces evitamos. Sin embargo, es vital comprender que la muerte no es algo negativo, sino una parte natural de nuestra evolución. La vida en la Tierra es como una escuela donde aprendemos lecciones, y la muerte simboliza el paso a un nuevo nivel de existencia. Si miras a tu alrededor, verás cómo la muerte está en todos lados, y la vida es la doble cara de una misma moneda. Siempre nos han enseñado a mirar solo una cara, pero ¿qué pasa con la contraparte, con su otro lado? Ahí es cuando entendemos que están unidas y que nada termina ni nada comienza; es un ciclo infinito, el infinito samsara que muchos maestros tibetanos denominan.

Aceptar la muerte como parte de este ciclo evolutivo nos ayuda a vivir con mayor paz y a acompañar de manera más consciente a quienes están en su tránsito.

Por eso, es importante buscar una muerte pacífica, y si esto no ocurre, podemos ayudar al alma a encontrar paz en su transición. Este proceso nos conecta con el «todo», con esa unidad universal que trasciende la separación.

Prepararse para la propia muerte

La mejor preparación para la muerte es el **autoconocimiento**. Conectar con el más allá implica trabajar aspectos como el perdón, la liberación de karmas y la sanación emocional. Las llamas energéticas, como la llama violeta (transmutación), la verde (sanación) y la blanca (purificación), son herramientas poderosas para limpiar bloqueos, cortar patrones repetitivos y liberar cargas emocionales.

Este trabajo nos permite alcanzar un estado de paz y plenitud, evitando que el miedo nos consuma en los momentos finales. La preparación consciente a lo largo de la vida es clave para afrontar la muerte con serenidad.

Meditación para conectar con tu espíritu

Antes de finalizar este capítulo, te invito a realizar una breve meditación que te ayudará a profundizar en la conexión con tu espíritu.

1. Encuentra un lugar tranquilo donde puedas sentarte cómodamente.
2. Cierra los ojos y respira profundamente tres veces.
3. Mientras inhalas, imagina que estás recibiendo luz y paz. Al exhalar, deja ir cualquier preocupación.
4. Ahora, enfoca tu atención en tu corazón. Pregúntate a ti mismo: «¿Qué me está diciendo mi espíritu hoy?»
5. Quédate en silencio por unos minutos, simplemente escuchando lo que surja.

A veces, las respuestas no llegan de inmediato, pero esta práctica te ayudará a fortalecer la conexión con tu esencia y con el mundo espiritual.

Mensaje para vos que has perdido un ser querido

Recuerda que la muerte no es una interrupción, sino una transición hacia un plano de mayor conciencia, que él o ella se encuentra en esos lugares y yo te voy ayudar a comunicarte. Para poder vivir con mayor paz y así acompañar a tus seres queridos en su propio viaje.

Preguntas y Respuestas Clave

1. **¿Qué es el Plan Álmico y puede cambiar?** Es el contrato o misión que el **alma** elige antes de encarnar, donde se definen los aprendizajes y las relaciones clave. Aunque el plan establece una ruta, no está «escrito en piedra»; puede ajustarse a lo largo de la vida según nuestras decisiones y crecimiento espiritual.

2. **¿Sufre el alma al momento de la muerte?** El **alma** en sí misma no experimenta dolor físico al separarse del cuerpo. El proceso es descrito como un «desprendimiento suave». Sin embargo, las emociones no resueltas (miedo, culpa) o las ataduras pueden generar sufrimiento al alma en los planos espirituales bajos, lo que afecta su tránsito inicial.

3. **¿La muerte violenta o repentina afecta el proceso de transición?** No detiene el proceso de desprendimiento del **espíritu**, ya que en el plano espiritual siempre hay preparación. Sin embargo, el shock y el trauma emocional asociados a una muerte repentina o dolorosa pueden dejar al **alma** confundida y más propensa a permanecer en planos de baja vibración hasta que recibe ayuda para avanzar hacia la **luz**.

CAPÍTULO 2

LA MUERTE FÍSICA

Cuando ocurre la muerte clínica, el **alma** no se desprende del cuerpo de inmediato. El proceso de separación puede tomar hasta nueve días, durante los cuales el **alma** se va liberando capa por capa. A veces, el **alma** puede quedarse «estancada» en uno de estos planos.

Como **médium**, he tenido experiencias en las que he visto **almas** atrapadas o sin poder desprenderse completamente de su cuerpo. Sin embargo, si el cuerpo es incinerado antes de que finalice este proceso, no interfiere con la evolución del **alma**. En algunos casos, el **alma** puede permanecer conectada con las cenizas.

Las Personas en Coma o Estado Vegetal

Una pregunta común es qué pasa con las personas que están en coma o en estado vegetal. Mi experiencia me ha enseñado que, a menudo, las **almas** de estas personas tienen asuntos pendientes o están esperando algo o a alguien.

Si has tenido un ser querido en esta situación, te recomiendo hablarles. Su **alma** necesita ayuda para desprenderse completamente del cuerpo. Esto ocurre porque el **alma** no ha comprendido que debe dejar el cuerpo y siente que hay cosas sin resolver.

Cómo ayudar a un alma en estado de Coma/Vegetal

Para ayudar en su liberación, te invito a seguir estos pasos:

1. **Crea un Espacio de Conexión:** Cierra tus ojos y respira profundamente para centrarte.
2. **Habla Directamente al Alma:** Conéctate con esa persona y háblale a su **alma**. Hazle saber que todo estará bien.
3. **Pregunta por la Retención:** Si lo deseas, puedes preguntarle qué la retiene en este cuerpo. **Abre tu corazón para recibir la sensación o el mensaje** que el **alma** quiere comunicarte. Recuerda que nada es casualidad; estás ahí para ser un puente, un mensajero para esta **alma** que se siente perdida.
4. **Guía a la Luz:** Una vez que hayas conectado y recibido esa sensación clara, busca la manera de ayudarla. La clave es hacerle saber que todo estará bien y pedirle que mire hacia los **seres de luz** que la acompañan. Todos estamos rodeados por un **ángel** o un **ser de luz** que nos acompaña. Conectar con este ser que acompaña al **alma** será esencial para ayudarla a encontrar la paz y liberarse del sufrimiento que siente en su cuerpo.

¿El alma sufre después de la muerte?

El alma no experimenta dolor físico después de la muerte, ya que se desprende del cuerpo físico. Sin embargo, pueden quedar dolores emocionales o mentales, dependiendo de cómo fue la vida de la persona. Si alguien no conectó con su parte espiritual o emocional en vida, puede tener dificultades para llegar a la luz y quedarse en una fase intermedia. Como médium, he ayudado a muchas almas que, por llevar cargas como culpas, resentimientos o secretos familiares, no logran completar su proceso de liberación.

La luz y el regreso a casa

Muchas personas que han tenido experiencias cercanas a la muerte hablan de ver una luz, que es nuestro ser más elevado o una manifestación de Dios. Para llegar a esa luz, el alma atraviesa diferentes «escalones», desprendiéndose de capas emocionales y del ego.

Me gustaría compartir contigo la experiencia de dos pacientes que me han compartido sus experiencias cerca de la muerte (sus nombres son ficticios). Espero que estas historias te ayuden a ver que, cuando dejamos el cuerpo, no estamos solos.

La historia de Mercedes

Mercedes vino a mí en busca de una conexión más profunda con ella misma. Había sentido una conexión con su ser interior en el pasado, pero había desaparecido. La conexión que había sentido se remontaba a un momento en que estuvo cerca de la muerte.

«Estaba en un accidente de coche y no podía sentir mi cuerpo. De repente, me encontré flotando sobre mi cuerpo y vi una luz blanca intensa que se acercaba hacia mí. Me sentí atraída hacia ella y, a medida que me acercaba, sentí una sensación de paz y compasión que nunca había experimentado antes.

La luz se convirtió en la figura de mi abuela, que me habló con una voz suave y cálida. Me dijo que no era mi hora de partir y que debía regresar a mi cuerpo. Me sentí triste al dejarla, pero también sentí una sensación de determinación para cambiar mi vida y vivir de acuerdo con mi corazón.

Cuando regresé a mi cuerpo, me sentí diferente. Me sentí más conectada conmigo misma y más compasiva. La experiencia me cambió la vida y me hizo darme cuenta de lo importante que es vivir en el presente.»

La historia de Esteban

Esteban vino a mí después de la muerte de su padre. Quería saber cómo estaba su padre y si podía comunicarse con él. Durante la sesión, su padre se presentó con mucha paz y calma. Mientras traducía lo que su padre me contaba, vi una imagen de un joven en el hospital. Le conté lo que vi y me dijo que era él. A continuación, Esteban me contó su historia.

«Me encontraba con amigos, había cumplido veintiún años hacía unas semanas. No recuerdo qué me pasó ese día, pero caí tendido en el piso. No recuerdo nada desde que me desmayé hasta que me desperté en el hospital. Algo muy vago se me vino a la mente cuando desperté en el hospital. Recuerdo haber estado en un lugar muy oscuro y silencioso. En ese momento me sentí solo y asustado, pero de repente, vi una luz débil en la distancia.

Comencé a caminar hacia la luz y, a medida que me acercaba, sentí que estaba atravesando diferentes 'escalones'. Cada escalón que subía me sentía liberado.

Cuando llegué a la cima, me encontré en un lugar muy blanco y vi una figura que me parecía familiar. Era mi abuelo, que había fallecido unos años antes. Me habló con una voz cálida y me dijo que no era mi hora de partir.

Cuando regresé a mi cuerpo, me sentí diferente. Me sentí más conectado con mis seres queridos y conmigo mismo. Soy otro desde ese día.»

El proceso de la muerte

El primer escalón que atravesamos al desprendernos del cuerpo es la revisión de la vida. El alma comienza a experimentar y ver todas las acciones realizadas durante su existencia. Es un momento profundo de reflexión y autoanálisis, donde no existe un Dios castigador; somos nosotros quienes juzgamos y nos condenamos. Es aquí donde se nos da la oportunidad de enmendar o reevaluar lo que hicimos o no hicimos.

El segundo escalón hacia la luz es el perdón. Es cuando entendemos que no tenemos que perdonar a otros, sino perdonarnos a nosotros mismos. Debemos perdonarnos por cuánto nos castigamos, nos culpamos y por las cosas que permitimos en la vida. Esto es crucial para cerrar las heridas emocionales atrapadas durante la vida. Siempre digo que este momento es clave; es el instante para sanar y resolver todo lo que traemos del pasado, para no seguir arrastrándolo al momento de la muerte. Te invitamos a soltar, liberar y perdonar ahora, en este mismo instante, no cuando llegue la muerte.

El siguiente escalón en esta ascensión es la aceptación. Aceptar todas las experiencias, positivas o negativas, tal como fueron. Acepta todos los logros y desafíos que viviste. Esto te ayudará a liberar y traer paz mental, y a entender las razones por las cuales viviste lo que viviste. Esta aceptación disolverá cualquier resistencia de tu ego a aferrarse a una vida que ya no es.

Enfrentar tus miedos en el momento presente es clave para cuando trasciendes. Así lo hacen nuestros seres queridos también, al liberarse de miedos y apegos materiales.

Por último, está la conexión con la esencia divina, esa energía crística dentro de nosotros que se proyecta a través de seres queridos que ya están en el más allá, o ángeles, o seres de luz que nos acompañan desde siempre. Desde antes de nacer, somos acompañados y guiados por un grupo de seres de luz que nos aman incondicionalmente. Abrirte a este amor infinito traerá liberación a ti y a tu ser querido. Nunca estamos solos; nadie está solo.

La muerte en diferentes culturas

Esto no lo digo solo yo como médium, sino que muchas culturas en el mundo ven a la muerte como una oportunidad para la Iluminación.

Esta relación entre la muerte y la espiritualidad es un tema complejo y multifacético que varía ampliamente entre diferentes culturas y religiones. A continuación, te presentaré algunos ejemplos de cómo diferentes culturas y religiones entienden la muerte y la espiritualidad, y cómo estas creencias pueden influir en la forma en que las personas experimentan la muerte.

- **En culturas orientales**, como el hinduismo, el budismo y el taoísmo, se cree que la muerte es solo una transición a una nueva vida. La reencarnación es un proceso en el que el alma o la conciencia se reencarna en un nuevo cuerpo, a menudo con el objetivo de alcanzar la iluminación o la liberación espiritual. En estas culturas, la muerte no se ve como un final, sino como un nuevo comienzo.
- **En religiones monoteístas**, como el cristianismo, el islam y el judaísmo, se cree que la muerte es un paso hacia un más allá, donde las almas se reúnen con Dios. En estas culturas, la muerte se ve como un momento de rendición de cuentas, en el que las personas deben responder por sus acciones en la vida.
- **En México y China**, la muerte se celebra como un momento de reunión con los antepasados y la continuación de la vida. El Día de Muertos en México, por ejemplo, es una fiesta en la que se honra a los muertos con ofrendas y celebraciones. En China, el Festival de los Fantasmas se celebra para honrar a los **espíritus** de los antepasados.

Solo nosotros **los occidentales** vemos la muerte como un final absoluto y se teme como un momento de pérdida y separación. Muchos la asocian con la enfermedad, el dolor y la desaparición.

Las creencias culturales y religiosas sobre la muerte pueden influir en la forma en que experimentamos la muerte y existen varias maneras:

- **Preparación para la muerte**: En culturas que creen en la reencarnación o en el más allá, las personas pueden prepararse para la muerte a través de la meditación, la oración o la reflexión. En **la cultura de occidente** evitan hablar sobre la muerte o ni siquiera piensan en prepararse para ese momento.

- **Ceremonias y rituales**: Las ceremonias y rituales funerarios pueden variar ampliamente según la cultura y la religión. En algunas culturas, se celebran rituales para ayudar al **alma** a pasar al más allá, mientras que en otras se enfocan en la celebración de la vida del fallecido.

- **Apoyo emocional**: Las creencias culturales y religiosas pueden influir en la forma en que las personas experimentan el duelo y la pérdida. En culturas que creen en la reencarnación, por ejemplo, la muerte puede ser vista como un momento de liberación, mientras que en culturas que temen la muerte, el duelo puede ser más intenso.

Es muy importante la relación que tenemos entre la muerte y la espiritualidad. Vivir en el lugar que vivimos no debe ni tiene que ser un condicionamiento para ayudar a nuestro entorno que pueda vivir la muerte desde un lugar de liberación.

Por ello, es vital comprender que el lugar donde vivimos no debe condicionar nuestra capacidad de ayudar a nuestro entorno a experimentar la muerte desde un lugar de **liberación** y **paz**.

Ayuda a tu ser querido en su transición

Si un **alma** no ha logrado liberarse de emociones negativas como la culpa, miedo o el enojo, puede quedar atrapada en planos intermedios (**astral**). Aunque el destino final de todas las **almas** es la **luz**, el proceso puede ser más lento para algunas. Por eso es tan importante que ayudemos a nuestros seres queridos con oraciones y buenos deseos.

El **alma** puede vivir su transición de maneras distintas: algunas se encuentran con familiares que ya han partido, otros ven **seres espirituales**, mientras que algunos pueden encontrarse con la oscuridad. Esto depende del estado emocional y espiritual del **alma**. No existe un «infierno» como lugar físico, pero sí como un estado emocional creado por las experiencias no resueltas. Este «infierno» es un estado de caos donde las **almas** que cargan con resentimientos, culpa, miedo o enojo permanecen atrapadas.

Todas las **almas** tienen el derecho divino de regresar a la **luz**, pero algunas eligen otros caminos o sea planos. Si el **alma** se aferra a lo material o a emociones negativas, su proceso será más difícil, como si llevara cadenas que la frenan. Aun así, siempre podemos ayudarlas con nuestras oraciones, pidiendo a **seres espirituales** que las guíen, a **Dios** o **seres de luz** que sintamos invocar.

El viaje hacia la **luz** es guiado por **guías** y **ángeles**, pero a veces el **alma** está tan perturbada que no puede verlos. Es similar a cuando, en vida, nos obsesionamos con un problema y no vemos la solución que está justo frente a nosotros. Por eso, al morir, es clave enfocarse en la **luz**, en **Dios** o en cualquier **ser espiritual** que sientas cercano.

Cuando el **alma** logra llegar a la **luz**, se libera de todas las cargas y entra en un estado de paz y plenitud. En ese momento, el **alma** puede decidir si reencarnar o continúa su evolución en otros planos.

Quiero contarte sobre una experiencia que tuve como médium. Estaba dando una sesión a una paciente que deseaba conectarse con su esposo, quien había fallecido hacía algún tiempo. Él se me presentó y le describo la luz que lo rodeaba mientras me transmitía mensajes. En un momento, me contó que recibía todas las bendiciones y deseos que ella le enviaba. En ese instante, ella comenzó a llorar y me compartió que cada noche rezaba por él, pidiendo que estuviera en la luz, en paz y feliz dondequiera que estuviera.

Cuando ella me contó esto, él me mostró que veía todo lo que ella le enviaba como a través de una pantalla. Me explicó que no siempre estaba a su lado porque se encontraba en otro plano, aprendiendo y reintegrándose al mundo espiritual. Sin embargo, cada vez que ella le enviaba amor, veía luces a su alrededor y se le presentaba esta pantalla donde podía ver sus deseos. Él sabía cuánto lo amaba y pensaba en él.

Este espíritu me pidió que le agradeciera por todo lo que había hecho por él, tanto en la vida como en el más allá. Nuestros seres queridos siempre nos están viendo, ya sea que estén a nuestro lado o en otro lugar. Siempre recibe nuestros deseos, nuestra luz y nuestro amor.

Te invitamos a que nunca dejes de enviar amor, luz y buenos deseos a tu ser querido, porque él o ella los está recibiendo.

Cuando estamos conectados con nuestros seres queridos a través del amor, podemos sentir su presencia y recibir su guía y apoyo. El amor es lo que nos permite trascender la muerte y conectar con nuestros seres queridos en un nivel más profundo y espiritual.

Consejos para conectarse con los seres queridos a través del amor:

- **Habla** con tus seres queridos como si estuvieran allí contigo.
- **Comparte** tus pensamientos y sentimientos con ellos.
- **Haz** cosas que te recuerden a ellos y te hagan sentir conectado con ellos.
- **Siente** el amor que sientes por ellos y permítelo que te guíe.
- **Confía** en que tus seres queridos están siempre contigo, incluso cuando no puedes verlos.

PRÁCTICA MEDITATIVA: Sintiendo su presencia

1. **Encuentra un lugar tranquilo:** Busca un espacio donde puedas estar en calma y sin interrupciones. Si lo deseas, enciende una vela blanca, que simboliza la **luz** y la purificación.
2. **Cierra los ojos y respira profundamente:** Realiza respiraciones lentas y profundas, llevando tu atención al presente. Imagina que, con cada inhalación, te llenas de **luz** y paz, y con cada exhalación, liberas cualquier tensión o preocupación.
3. **Visualiza a tu ser querido:** En tu mente, trae la imagen de la persona que ha fallecido. Imagina que está frente a ti, en paz, rodeada por una suave **luz** dorada.
4. **Envía luz y amor:** Desde tu corazón, imagina que envías un rayo de **luz** blanca o dorada hacia tu ser querido. Visualiza cómo esa **luz** lo envuelve, llenándolo de amor, paz y tranquilidad.
5. **Invoca a seres de luz:** Pide la ayuda de **guías espirituales**, **ángeles** o cualquier **ser de luz** en el que creas.

Di en voz alta o en tu mente: «Pido a los **seres de luz** que guíen a [nombre de tu ser querido] hacia la **luz**. Que encuentre paz y claridad en su camino».

6. **Observa su camino hacia la luz:** Visualiza cómo tu ser querido empieza a avanzar hacia una **luz** brillante y cálida. Confía en que está siendo guiado hacia un lugar de paz, donde podrá seguir su evolución espiritual.

7. **Agradece y cierra la meditación:** Cuando sientas que es el momento adecuado, agradece a los **seres de luz** por su ayuda y despide a tu ser querido con amor. Toma un momento para sentir paz en tu corazón, sabiendo que has contribuido a su viaje.

CAPÍTULO 3

DÍAS DESPUÉS DE MORIR

¿Qué pasa en los días posteriores a la muerte? ¿A dónde va el **alma**? ¿Encuentra paz después de esos días?

Cuando morimos, el **alma** puede tardar entre nueve y quince días en desprenderse completamente del cuerpo, dependiendo de su nivel de conciencia. Durante este tiempo, muchas **almas** no son conscientes de que han fallecido y continúan repitiendo las mismas rutinas que tenían en vida. Esto sucede especialmente con **almas** que vivían en un modo muy automático o que murieron de manera abrupta. Es importante que vivamos con mayor conciencia durante nuestra vida, para que el proceso de partida sea más fluido y natural.

Como **médium**, he presenciado muchas veces **almas** que no se dan cuenta de su propia muerte y siguen repitiendo patrones de su vida cotidiana. Por ejemplo, me pasó con una paciente que veía a su abuela yendo todos los días al almacén, como solía hacerlo en vida. Esa abuela no había encontrado el camino hacia la **luz** y continuaba atrapada en su antigua rutina. En estos casos, es fundamental ayudar a estas **almas** a tomar conciencia de su situación para que puedan continuar su evolución.

Visitas en los días posteriores a la muerte

Durante estos días, las **almas** suelen visitar a las personas que más aman. Es común que nos visiten en sueños, donde nos transmiten que están bien y en paz. Estos sueños no son simples proyecciones de nuestro subconsciente, sino encuentros reales. Recuerda que cuando soñamos con nuestros seres queridos fallecidos, es muy posible que ellos estén tratando de comunicarse con nosotros para asegurarnos de que se encuentran en paz.

Señales de que nuestros seres queridos están con nosotros:

Nuestros seres queridos no se van completamente después de morir. A menudo nos envían señales para hacernos saber que siguen acompañándonos en nuestro día a día. Aquí te comparto algunas de las señales más comunes que puedes recibir, y cómo interpretarlas:

- **Sueños vívidos:** Soñar con ellos de una manera muy realista es una forma común de comunicación. Estos sueños suelen ser tranquilos y cargados de paz, haciéndonos sentir que todo está bien.
  Una paciente vino a sesión ya que había tenido un sueño tan real que no lo podía creer. En él había visto a su padre, ella veía que él se despedía de toda la familia y cuando le dio el abrazo lo sintió real, sintió su aroma, se despertó llorando por la emoción de verlo y sentirlo.

- **Olores familiares:** A veces, sientes de repente el perfume que usaban, el aroma de la comida que solían cocinar o el olor de un cigarro si fumaban. Esto es una señal de que están cerca, haciéndose presentes.

Una de mis alumnas me contó que cuando entraba en la sala donde su abuelo solía sentarse, sentía el olor de su cigarro, como si él todavía estuviera ahí.

- **Cambios de temperatura:** Sentir una brisa ligera o un cambio de temperatura repentino puede ser una señal de que tu ser querido está contigo. Estas sensaciones no tienen una explicación física evidente, pero son un «saludo» desde el otro lado.

  Una mujer en un Evento de Mediumnidad me relató que después del fallecimiento de su hijo, siempre sentía una ligera brisa en su habitación cuando estaba preocupada, como si él la acompañara y la tranquilizara.

- **Objetos que se mueven o luces que parpadean:** Las **almas** pueden interactuar con nuestro entorno físico para llamar nuestra atención. Un cuadro que se cae, las luces que parpadean sin motivo aparente, o incluso un objeto que se mueve pueden ser signos de su presencia.

  Un paciente me comentó que las luces de la cocina parpadeaban cada vez que pensaba en su esposa fallecida, lo que le hacía sentir que ella estaba cerca.

- **Presencias en momentos clave:** En situaciones de estrés o decisiones importantes, podemos sentir una presencia protectora a nuestro lado. Es un indicio de que nuestros seres queridos están cuidándonos y guiándonos desde el otro plano.

  Una alumna me compartió que cuando tenía que tomar una decisión importante, sentía la presencia de su padre fallecido, quien le daba fuerzas para seguir adelante.

- **Canciones o melodías especiales:** Escuchar la canción favorita de tu ser querido en un momento inesperado no es casualidad. Es una forma en que ellos te están recordando su amor y compañía.

Justo en el aniversario de la muerte de su madre, una paciente escuchó por casualidad la canción favorita de su mamá en la radio. Sintió que su madre estaba diciéndole que seguía a su lado.

Cómo ayudar a tu ser querido a ir hacia la luz:

En estos días posteriores a la muerte, mientras el **alma** se desprende de su vida terrenal, podemos hacer algo muy importante por nuestros seres queridos: ayudarlos a encontrar la **luz**. Para hacer esto, es esencial que les enviemos pensamientos de amor y paz, y que pidamos a **seres de luz**, como **ángeles** o **guías espirituales**, que los acompañen en su camino.

Práctica de Guía hacia la Luz:

1. **Conéctate y Háblales:** Si sentís su presencia, podés hablarles en voz alta o mentalmente.

2. **Envía el Mensaje:** Deciles que los amás, que estás agradecido por su visita, pero que es hora de que sigan su camino hacia la luz.

3. **Visualiza la Puerta:** Visualizá una **luz brillante** que los envuelve y que se abre ante ellos como una puerta, guiándolos a su próximo destino.

4. **Invoca a la Asistencia:** Pedí a **seres de luz**, **ángeles** o **guías espirituales** que los acompañen en este proceso y los lleven hacia el plano de paz y amor incondicional.

Puntos Clave en Preguntas y Respuestas

- **¿Cuánto tiempo tarda el alma en desprenderse completamente del cuerpo?** El proceso de separación del **alma** puede tomar entre nueve y quince días (hay casos que son inmediatos), dependiendo del nivel de conciencia del ser querido en vida.

- **¿Por qué algunas almas no se dan cuenta de que han fallecido?** Esto sucede a menudo con **almas** que vivían de manera automática o que murieron abruptamente, lo que las lleva a repetir sus rutinas diarias sin tomar conciencia de su nueva realidad.

- **¿Cuál es la forma más común en que nos visitan durante estos días?** La forma más común es a través de **sueños vívidos.** Estos encuentros son tranquilos y cargados de paz, y sirven para asegurar a los vivos que el **alma** se encuentra bien.

Sin embargo, si no sueñas con tus seres queridos, esto no significa que no te visiten; puede indicar que el **mundo onírico de los sueños está bloqueado.**

CAPÍTULO 4

¿A DÓNDE VAN LAS ALMAS?

La respuesta a esta pregunta es que hay varios **planos** en los cuales nos movemos. Cuando un **alma** ha trabajado espiritualmente durante su vida, tiende a ir a estados de conciencia **lumínicas** (o **de luz**).

Sin embargo, también existen **almas** que se quedan estancadas en un estado intermedio. Estas **almas** pueden no saber que han muerto o, aunque lo saben, no logran desprenderse de las cargas emocionales que traen de esta vida. A veces, se vuelven oscuras y perturban a otros, incluso a personas vivas. Por ejemplo, muchas personas me cuentan que escuchan ruidos en sus casas; esto puede ser una señal de que un ser querido está llamando la atención porque necesita ayuda.

En ocasiones, el **alma** continúa realizando las actividades que hacía en vida. Por ejemplo, una paciente me comentó que veía a su marido acostándose en la cama como solía hacerlo. Esto indica que el **alma** aún no ha tomado plena conciencia de su nueva realidad.

Otras **almas** eligen quedarse para acompañar a sus seres queridos desde un lugar de amor y no de dependencia. Es una decisión que toma el **alma**, ya que algunos prefieren pausar su evolución para apoyar a quienes quedaron con vida. Este acompañamiento puede ser beneficioso, pero no necesariamente es lo más óptimo para el **alma**.

Ahora, ¿cómo se siente el **alma** en esos lugares a los que va? En los **planos de luz**, las **almas** se encuentran en espacios etéricos, donde resuenan con otras **almas** similares. Hay lugares en nuestro planeta que son verdaderas ciudades etéricas, donde las **almas** se mueven y se ayudan mutuamente. En estos lugares existen escuelas espirituales, donde las **almas** continúan su crecimiento, guiadas por **maestros de luz**.

¿Cómo saber cómo está nuestro ser querido fallecido?

Un consejo sencillo es pensar en esa persona y hacer una respiración profunda. Al hacerlo, trata de evocar una imagen de tu ser querido. Si te llega una imagen de él o ella riendo y feliz, es una buena señal de que está en la **luz**. Pero si aparece con una expresión seria o fruncida, podría significar que aún no ha encontrado la **luz** y permanece en un estado intermedio.

En esos momentos, te recomiendo encender una vela. La clave está en la intención detrás de la acción. Muchas veces, prendemos velas llenos de emociones de duelo y añoranza, lo cual puede no ayudar al **alma** a elevarse. Es fundamental encender la vela con la intención de que tu ser querido encuentre paz y **luz**, porque tu intención y deseo de que se eleve va a ser la llave para que tu ser querido encuentre ese lugar lleno de **luz**.

Ritual para dar luz a mi Ser Querido

Materiales Necesarios:
- Una vela blanca (simboliza la pureza y la **luz**)
- Un plato o base para la vela
- Un papel y un bolígrafo
- Un lugar tranquilo y libre de distracciones

- *Opcional:* Incienso o aceite esencial de tu preferencia (como lavanda o sándalo)

Pasos a seguir:

1. **Prepara el Espacio:** Encuentra un lugar tranquilo donde puedas realizar el ritual sin interrupciones. Si deseas, enciende un poco de incienso o pon algunas gotas de aceite esencial para crear un ambiente sereno.

2. **Escribe tu Intención:** Toma el papel y escribe el nombre de tu ser querido y una breve frase que exprese tu deseo de que encuentre la **luz** y la paz. Por ejemplo: *"[Nombre], deseo que encuentres la luz y la paz"*.

3. **Coloca la Vela:** Sitúa la vela en el plato o base. Coloca el papel con tu intención debajo del platillo, de modo que la vela esté directamente sobre él.

4. **Conexión y Respiración:** Siéntate en una posición cómoda frente a la vela. Cierra los ojos y toma varias respiraciones profundas. Con cada inhalación, siente cómo te llenas de amor y **luz**. Con cada exhalación, visualiza cualquier tristeza o dolor que sientas fluyendo lejos de ti.

5. **Enciende la Vela y Declara:** Con amor y gratitud, enciende la vela. Observa cómo la llama se eleva, simbolizando el **alma** de tu ser querido ascendiendo hacia la **luz**. Puedes decir en voz alta o en tu mente: **"Te invito a que encuentres la luz y la paz. Estoy aquí contigo"**.

6. **Visualiza el Viaje:** Imagina a tu ser querido rodeado de **luz brillante** y amorosa. Visualiza cómo es recibido por **seres de luz** que lo guían y lo acompañan en su viaje hacia la paz.

7. **Cierra el Ritual:** Deja que la vela se consuma de forma segura. Cuando termines, agradece a tu ser querido por

estar presente y por la conexión que compartieron. Siente la paz en tu corazón.

8. **Deshazte del Papel:** Cuando la vela se haya consumido completamente, puedes enterrar el papel en un lugar significativo o quemarlo en un lugar seguro, simbolizando la entrega de tu intención al universo.

Puntos Clave en Preguntas y Respuestas

- **¿A dónde va el alma inmediatamente después de la muerte?** El **alma** se mueve a diferentes **planos** o estados de conciencia, que varían según su evolución en vida. Las **almas** que han trabajado espiritualmente van a **planos de luz**.

- **¿Puede el alma estancarse en un lugar intermedio?** Sí. Las **almas** pueden quedar estancadas si no son conscientes de su muerte o si las cargas emocionales (culpa, apego, etcétera) las sujetan al plano terrenal.

- **¿Cómo puedo saber el estado de mi ser querido?** Piensa en la persona y, al hacer una respiración profunda, observa la imagen que te llega: si aparece riendo y feliz, es una buena señal de que está en la **luz**. Si aparece serio o fruncido, puede indicar que aún está en un estado intermedio.

CAPÍTULO 5

VISITAS

¿En qué lugar están? O sea, desde qué **plano** quedaron: ¿se quedaron en un **plano intermedio** o quedaron en la **luz**?

Va a ser diferente el contacto que tengamos.

- **Si están en una fase intermedia:** Vamos a escuchar ruidos en la casa, vamos a sentir que nos tocan o que se sientan en la cama, o tal vez sus aromas se vuelven muy constantes cuando están presentes. Esto es normal durante el primer mes o dos meses después de su fallecimiento; sentimos mucho su presencia porque aún están haciendo su desprendimiento, viendo cómo estamos todos. Las **almas** visitan a todos sus seres queridos, a todos por igual. Los visitan y les hablan. El tema es que no nos enseñaron a escucharlos, pero nos hablan y nos transmiten cómo se sienten. El desprendimiento no solo sucede en un lugar, sino que nos visitan a todos, y vamos a sentir esas visitas. Muchas veces somos conscientes, o a veces lo sentimos a través de cosas que ocurren en la casa.
- **Si están en la luz:** Tendremos visitas esporádicas, tal vez a través de un sueño o una sensación que sentimos de nuestro ser querido, o se nos viene a la mente.

Realmente, esto va a depender de cómo se encuentre el **alma** y de la comunicación que vaya a haber. Si es una comunicación que genera sensaciones de angustia o tristeza, es porque aún no está en la **luz**.

Una pregunta que me hacen frecuentemente es cómo saber si me visita. Yo siempre digo que primero hay que conectar con nuestros cinco sentidos. Más allá de que son sentidos para este mundo, también los sentimos en otras dimensiones. Por ejemplo, escuchamos un sonido particular de este ser querido. Muchos me han dicho: «Escuché una puerta que se abrió, fui a ver y no había nadie».

Cómo Discernir la Presencia:

En todo esto de los ruidos, también hay que tener conciencia de que pueden ser **almas** que se hagan pasar por nuestros seres queridos. Esto podría dar para otro libro. Para discernir si es nuestro ser querido o no, puedes usar la siguiente técnica:

1. **Pregunta con Intención:** Pronuncia la pregunta: «¿Verdad, tú sos (y su nombre)?».
2. **Observa la Energía:** La palabra «verdad» trae consigo la energía de la verdad. Si la energía **se queda**, es porque sí es él. Si la energía **se va**, es porque no es.

Cuando alguien muere, se queda un tiempo visitando a sus familiares y amigos, a todos los que fueron importantes en su vida. Muchas veces visitan hasta personas que no ven desde hace treinta años. Me pasó con un paciente que veía a una mujer que lo acompañaba. Esta mujer había sido una noviecita de su adolescencia, y él me decía que hacía treinta años que no la veía. Muchas veces, nos visitan para saludarnos o para que sepamos que están, y en ocasiones para despedirse.

¿Cómo puedo volver a hablar con él o ella?

Quiero decirte que puedes hablar **siempre**. Realmente, tenemos que romper la creencia de que molestamos. **No molestamos** a nuestros seres queridos. Les hablamos, y más allá de que estén cerca o en la **luz**, siempre llega esta comunicación. Si están aquí cerca, nos van a escuchar. Cuando pensamos en ellos, atraemos su energía, como si la jaláramos hacia nosotros. Si están en la **luz**, al pensar en tu ser querido, va a recibir la información porque **él/ella** en estos momentos están conectados al **todo** y saben que les estamos hablando.

La información que llegue a tu ser querido que está en la **luz**, va a ser como si te vieran a través de una pantalla mientras hablas. Así que, si alguien falleció y está en la **luz**, querer contactar con **él/ella** no significa que le vamos a bajar la frecuencia ni que lo vamos a sacar de la **luz**. La comunicación es diferente, pero nunca vas a afectar su estado evolutivo si les hablas. La comunicación es parte de nuestra naturaleza.

Nos han hecho creer que no podemos hablarles más, que de repente tenemos que hacer todo abruptamente, y en realidad no es así. Podemos hablarles, seguir diciéndoles cuánto los amamos y que los extrañamos. Es parte de nuestra humanidad expresar que los extrañamos, que necesitamos estar en contacto. Hay dos tipos de «necesitar»: uno es desde el aferramiento, y el otro es porque fueron personas importantes en nuestra vida. Si estás viviendo un duelo muy intenso, no quiere decir que vaya a retener a tu ser querido, esto va a depender de su **alma**. Hay **almas** que se quedan, y hay otras que siguen adelante; todo depende de tu ser querido. Aquí te dejo un **Ritual** que te ayudará a tener mayor conexión con tu ser querido.

RITUAL DE COMUNICACIÓN CON EL SER QUERIDO

*Este ritual mis **guías** me lo mostraron para reconocer y honrar las visitas de tus seres queridos, permitiendo que su presencia se sienta más claramente y poder tener comunicación fluida.*

Materiales:
- Una vela blanca
- Un cuaderno o diario
- Un bolígrafo
- Un lugar tranquilo donde no te interrumpan

Instrucciones:

1. **Prepara el Espacio y la Luz:** Busca un lugar tranquilo donde puedas estar a solas. Asegúrate de que no haya distracciones. Puedes encender la vela blanca para simbolizar la **luz** y la presencia de tu ser querido.

2. **Crea un Ambiente Relajante:** Si lo deseas, pon música suave o utiliza inciensos que te conecten con tu ser querido. Esto ayudará a establecer un ambiente propicio para la conexión.

3. **Conecta con la Respiración:** Siéntate en una posición cómoda, cierra los ojos y respira profundamente varias veces. En cada inhalación, imagina que te llenas de amor y **luz**; en cada exhalación, deja ir cualquier tensión o tristeza.

4. **Escribe un Mensaje como una carta:** Toma el cuaderno y el bolígrafo. Escribe una carta a tu ser querido. En ella, escribe cómo te sientes, cuéntale de las visitas o señales que hayas notado, como ruidos, aromas o sensaciones. Pregúntale cómo se siente y si hay algo que desea comunicarte.

5. **Honra la Presencia:** Al encender la vela, di en voz alta: «Con esta luz, reconozco y honro la presencia de [nombre

de tu ser querido]. Estoy abierto/a recibir tus mensajes y a sentir tu amor».

6. **Visualización de la Conexión:** Con los ojos cerrados, visualiza a tu ser querido rodeado de **luz**. Imagina que está contigo, compartiendo momentos felices y llenos de amor. Permítete sentir su energía y amor en este momento.

7. **Ofrece la Carta:** Después de escribir tu mensaje y visualizar la conexión, guarda la carta en un lugar especial, como un altar o un espacio que dediques a tu ser querido. Esto simboliza tu disposición para mantener la comunicación abierta.

8. **Agradece:** Antes de finalizar, agradece a tu ser querido por su amor y por las visitas que has recibido. Puedes decir algo como: «Gracias por estar conmigo y por seguir formando parte de mi vida».

9. **Mantente Alerta:** A lo largo de los días siguientes, mantente alerta a cualquier señal que pueda manifestarse. Pueden ser sueños, pensamientos recurrentes o incluso momentos de paz que te recuerden a tu ser querido.

Este ritual no solo ayuda a reconocer las visitas, sino que también fomenta una mayor conexión emocional y espiritual con tus seres queridos que han partido.

Puntos Clave en Preguntas y Respuestas

- **¿Molesto a mi ser querido si le hablo constantemente?** No. Rompe la creencia de que molestas. La comunicación siempre llega, ya sea que el **alma** esté cerca o en la **luz**. Nunca vas a afectar negativamente su estado evolutivo al hablarle.

- **¿Cómo puedo discernir si un ruido o señal es realmente de mi ser querido?** Si dudas de la presencia, puedes usar la palabra «Verdad». Pregunta en voz alta o mentalmente: «¿Verdad, tú sos y el nombre de tu ser querido?». Si la energía se queda, es tu ser querido; si se va, no lo es.

- **¿Las visitas del alma retienen su avance hacia la luz?** No necesariamente. Si bien un duelo intenso es parte de nuestra humanidad, si el **alma** sigue su camino dependerá de su propia decisión y de su **plan álmico**, no de tu dolor.

Hay **almas** que se quedan y otras que siguen adelante.

CAPÍTULO 6

MI SER QUERIDO, MI ÁNGEL

A muchas personas desencarnadas se les reconoce como **ángeles**, pero para llegar a ser **ángeles**, tuvieron que pasar por un proceso en el **plano espiritual** para prepararse. Cuando nacemos, siempre tenemos un **ángel** guardián, que puede ser algún ser querido fallecido que murió antes de que llegáramos. He visto muchos casos de esto; sin embargo, siempre nacemos con un **ángel** que nos acompaña. Este **ángel** puede cambiar a lo largo de nuestra vida. Personalmente, he experimentado que a lo largo de los años hay ciertos **ángeles** que me acompañan más que otros, y luego esa energía cambia. Así que no es estático; nuestro **ángel** puede cambiar, ya que hay muchos seres del otro lado que nos sostienen y acompañan.

Este cambio depende de cómo estemos evolucionando **álmicamente**. Como **médium** he visto que hay **guías** que, a menudo, son seres queridos que han estado fallecidos durante mucho tiempo. Para prepararse como **guía espiritual** necesitan de un tiempo para prepararse y acompañarnos en el tiempo que estemos aquí en la Tierra. Es importante mencionar que no existe el tiempo en el **plano espiritual**, pero sí se manifiesta en esta tercera dimensión como tiempos cortos o prolongados. Cuanto más tiempo pasa desde la muerte de un ser querido, esa **alma** se prepara más en otros **planos**.

La diferencia entre las funciones de un ángel y de un guía es clara:

- La función de un **ángel** se centra más en la **protección** y en hacernos sentir acompañados. Nuestros **ángeles** nos envían señales, como números, plumas o aromas, para hacernos saber que están con nosotros.
- En cambio, los **guías** tienen un rol más de **consejería**, ayudándonos a tomar decisiones y a orientar nuestros pasos para alcanzar nuestra misión en la tierra.

¿Cómo podemos comunicarnos con nuestros guías?

Existen muchas meditaciones para conectar con ellos, pero la más simple y accesible consiste en cerrar los ojos, conectarnos con nosotros mismos ——en el centro del pecho—— y respirar. Debemos intencionar la conexión con nuestro **guía**. Al intencionar y desear conectar, activamos nuestras fuerzas, que son muy poderosas. Nadie nos ha enseñado lo poderoso que es este acto.

Cuando nos conectamos con nuestro **guía**, a menudo recibimos imágenes o señales a lo largo del día. Es importante estar alerta y conscientes de las señales que nos envían. También podemos experimentar esto a través de sueños lúcidos.

¿Cómo saber si mi ser querido es mi ángel?

Puedes pedirle una señal. Háblale como lo hacías en vida y pídele que te envíe una señal única que solo **él o ella** pueda conocer. Puede ser un número que le gustaba, una comida, una canción, una persona o un aroma. Pregúntale si es tu **ángel** y mantente abierto a recibir esa señal.

No todas las personas que fallecen se convierten en **ángeles**; se requiere un cierto grado **evolutivo**. Lo que hacemos en otros **planos** es prepararnos **álmicamente** para ser **ángeles**. La evolución del **alma** determina si puede o no convertirse en un **ángel**.

Existen diferentes **planos**, y en estos diferentes **planos** hay **ciudades etéricas vibracionales**. Dependiendo de la **ciudad etérica** en la que se encuentre, es la preparación **álmica** que esa **alma** está viviendo. Nos rodeamos de **almas** afines; no nos llevamos con todas las **almas**. Por lo tanto, nos agrupamos y nos movemos en ciertas ciudades, y no todas las ciudades son para todos. La ciudad a la que pertenecemos depende de nuestro grado **evolutivo** y de la preparación que esa ciudad ofrece.

La **luz** comienza a manifestarse a partir del séptimo **plano**; por encima de eso, todo es **luz**. La evolución del **alma** y su grado de conciencia espiritual dictan en qué **plano** se encuentra. Desde el sexto **plano** hacia arriba, todo es **luz**. El propósito de toda **alma** es volver a casa, y muchas veces creemos que regresar a casa significa regresar a esos **planos espirituales**. Sin embargo, volver a casa es **fusionarnos con el todo**. En la actualidad, estamos fragmentados, dispersos por galaxias. En nuestro deseo profundo, anhelamos volver a ser UNO.

Quiero regalarte una meditación sencilla para conectar con tu **ángel**. Deseo que la disfrutes tanto como yo lo hago.

MEDITACIÓN DE CONEXIÓN CON TU ÁNGEL

1. **Encuentra un Lugar Tranquilo:** Busca un espacio donde te sientas cómodo y no te interrumpan. Puede ser en tu hogar, en la naturaleza o en cualquier lugar que te brinde paz.
2. **Siéntate o Acuéstate Cómodamente:** Asegúrate de que tu postura sea relajada. Si estás sentado, mantén la espalda

recta. Si estás acostado, relájate en el suelo o en una superficie cómoda.

3. **Cierra los Ojos y Respira:** Cierra suavemente los ojos y comienza a tomar respiraciones profundas. Inhala por la nariz, siente cómo se llena tu abdomen, y exhala lentamente por la boca. Repite esto varias veces, permitiendo que cada exhalación libere cualquier tensión.

4. **Conéctate con tu Respiración:** Deja que tu respiración se vuelva natural. Siente cómo el aire entra y sale de tu cuerpo. Concéntrate en cada inhalación y exhalación, permitiendo que tu mente se tranquilice.

5. **Visualiza Luz Brillante:** Imagina una **luz brillante** que te rodea. Esta **luz** representa la energía amorosa de tu **ángel** guardián. Siente cómo te envuelve y te protege.

6. **Intenciona la Conexión:** En tu mente o en voz alta, di: «Quiero conectar con mi **ángel**, estoy abierto a recibir su amor y **guía**». Siente la sinceridad de tus palabras y la intención de conectar.

7. **Escucha y Siente:** Permanece en este estado de calma y conexión. Presta atención a cualquier sensación, imagen o mensaje que surja. Tu **ángel** puede comunicarse contigo a través de pensamientos, sensaciones en tu cuerpo, o incluso recuerdos.

8. **Pide una Señal:** Si lo deseas, pídele a tu **ángel** que te envíe una señal. Puede ser algo que solo ustedes dos reconozcan, como un símbolo, una palabra, o una sensación particular.

9. **Agradece:** Agradece a tu **ángel** por su presencia y por la conexión que has establecido. Siente gratitud en tu corazón.

10. **Regresa al Presente:** Cuando te sientas listo, comienza a mover suavemente tus dedos y tus pies. Toma una profunda respiración y, cuando estés preparado, abre los ojos.

Tómate un momento para notar cómo te sientes antes de continuar con tu día.

*Recuerda que puedes practicar esta meditación en cualquier momento que sientas la necesidad de conectarte con tu **ángel**. Es un momento sagrado para fortalecer esa conexión y recibir su amor y **luz**.*

Puntos Clave en Preguntas y Respuestas

- **¿Puede mi ser querido fallecido convertirse en mi ángel guardián?** Sí. Muchos **ángeles** guardianes son **almas** de seres queridos que fallecieron antes o incluso después de tu nacimiento. Sin embargo, no todas las personas fallecidas se convierten en **ángeles**; esto requiere un cierto grado de evolución **álmica** y preparación.

- **¿Cuál es la diferencia principal entre un ángel y un guía?** El **ángel** se enfoca principalmente en la **protección** y el acompañamiento emocional.

El **guía** tiene un rol de **consejería** y orientación, ayudándote a tomar decisiones y a avanzar en tu camino espiritual.

- **¿Qué significa realmente «volver a casa» para el alma?** «Volver a casa» no solo significa regresar a los **planos espirituales**, sino alcanzar el estado más elevado de existencia: **fusionarse con el todo** o la conciencia universal, volviendo a ser **UNO**.

CAPÍTULO 7

TRANSFORMACIÓN

Cuando siento que un ser querido necesita **luz**, es importante enviársela. Si percibo tristeza o angustia al pensar en esa persona, es porque está pidiendo ayuda; hay algo que no ha podido superar o liberar de su experiencia en esta vida. En esos momentos, simplemente debes pedirle a **Dios** y a los **ángeles** que le envíen **luz**, nombrando a ese ser querido. Así lo estaré ayudando.

La **luz** es una frecuencia que irradio hacia esa **alma**. Por ejemplo, si le enciendo una vela blanca a mi ser querido, eso es algo positivo. Al encenderla, en algún punto siento que está necesitando **luz**. Después de hacerlo, es fundamental **soltar el proceso**, liberándose en el sentido de que ya hice mi parte. Ahora es responsabilidad de tu ser querido recibir la **luz**. **Él o ella** tiene dos opciones: aceptarla o rechazarla. Eso no depende de ti, sino del **alma**. A veces, un **alma** puede rechazar la **luz** porque siente que no merece recibirla o necesita pasar por esa experiencia para aprender algo. Todo tiene un propósito **Divino** y te invito a que confíes en él.

Quiero enfatizar que la muerte no es algo malo ni negativo; no es el fin. Es simplemente la oportunidad de llevar todo lo que hemos aprendido en esta vida a otros **planos**. Venimos a la Tierra para adquirir lecciones que no podríamos experimentar en otros lugares. La principal de estas lecciones es el **perdón**. No hay ningún otro lugar tan denso como este, que conlleva la integración de muchas energías, por lo que es el espacio más propicio para nuestro crecimiento espiritual.

La muerte, en este contexto, es un escalón más en nuestra evolución. Es una gran maestría que vivimos a lo largo de nuestras vidas, donde enfrentamos experiencias transformadoras. Muchas de estas experiencias pueden parecer muertes que no son físicas, pero sí son muertes de dejar ir partes de nosotros mismos, como un trabajo, una relación o una persona que se fue.

Es esencial comprender que dejar este cuerpo es simplemente el siguiente paso en la evolución de cada **alma**. Todos estamos conectados y podemos saber cómo están nuestros seres queridos; podemos comunicarnos fluidamente si aprendemos que esto no es un fin, sino una oportunidad para despertar y elevarnos. Todos hemos venido a crecer espiritualmente; esa es nuestra misión en este mundo.

Te dejo una práctica que para mí es muy importante porque me ha ayudado a tener mayor conciencia de lo que es la Muerte desde una perspectiva neutra. Deseo que esta práctica te ayude a entender con mayor claridad la enseñanza de este tema que poco hablamos que es la Muerte.

PRÁCTICA: REFLEXIÓN Y ESCRITURA SOBRE LA MUERTE

1. **Preparación del Espacio:** Busca un lugar tranquilo donde puedas estar a solas y sin distracciones. Ten a mano un cuaderno y un bolígrafo.

2. **Conexión Interna y Centramiento:** Siéntate cómodamente, cierra los ojos y respira profundamente. Inhala por la nariz, sostén la respiración un momento y exhala lentamente por la boca. Haz esto varias veces hasta que te sientas relajado y centrado.

3. **Reflexión y Nombrar Emociones:** Piensa en la muerte y las emociones que evoca en ti. ¿Sientes miedo, tristeza, confusión, alivio? Tómate un momento para identificar y nombrar estas emociones.

4. **Explora tus Miedos Clave:** Pregúntate a ti mismo y a tu subconsciente:
    - ¿Qué es lo que realmente me asusta sobre la muerte?
    - ¿Es el temor a perder a mis seres queridos, a lo desconocido, o a no haber cumplido mis metas en la vida?
    - ¿Hay experiencias pasadas que alimentan estos miedos?

5. **Escritura Libre:** Comienza a escribir tus pensamientos y emociones en el cuaderno. No te preocupes por la gramática o la estructura; simplemente deja fluir tus sentimientos. Escribe sobre tus experiencias con la muerte, ya sea de seres queridos que has perdido o momentos de cambio en tu vida que sientas que se asemejan a una "muerte" emocional.

6. **Identificación de Orígenes y Creencias:** Luego de haber expresado tus emociones, trata de identificar los orígenes de tus miedos. Pregúntate:
    - ¿De dónde vienen estos miedos?
    - ¿Se relacionan con creencias familiares, experiencias pasadas o influencias culturales?
    - ¿Cómo puedo recontextualizar estas creencias para ver la muerte como una transformación en lugar de un final?

7. **Cierre y Afirmación:** Reflexiona sobre lo que has escrito. Puedes escribir una afirmación positiva que te ayude a ver la muerte como una parte natural de la vida y una oportunidad de transformación. Por ejemplo: *"La muerte es un cambio, no un final. Es una nueva etapa de conexión y amor"*.

8. **Integración:** Dedica unos minutos a meditar sobre lo que has descubierto. Visualiza a tus seres queridos y la **luz** que

los rodea, recordando que la muerte no es el final de la conexión, sino una transformación.

Puntos Clave en Preguntas y Respuestas

- **Si envío luz a mi ser querido, ¿siempre la recibe?** La **luz**
  es una frecuencia que envías para ayudar al **alma**, pero es responsabilidad del **alma** aceptarla o rechazarla. El **alma** tiene
  libre albedrío, y el rechazo puede ser parte de su proceso de
  aprendizaje.
- **¿Cuál es la lección principal que venimos a aprender
  en la Tierra?** La principal lección es el **amor**. La Tierra es
  un **plano** muy denso y, por lo tanto, es el espacio más propicio para experimentar e integrar esta lección crucial para la
  evolución espiritual.
- **¿Qué es la «muerte» más allá de lo físico?** La muerte
  es un escalón más en la evolución, incluyendo aquellas
  "muertes" que no son físicas (muertes emocionales) como
  dejar ir un trabajo, una relación o partes de nosotros mismos.
  En última instancia, la muerte es el siguiente paso en la evolución de cada **alma**.

EPÍLOGO

Al llegar al final de este libro, deseo que te sientas más cerca de tu ser querido, reconociendo que la comunicación entre ustedes no se ha interrumpido, sino que ha cambiado de forma. La conexión que siempre han tenido sigue viva, simplemente en un **plano** diferente. Ahora es tu momento de aprender esta nueva manera de comunicarse, de abrir tu corazón y confiar en las señales y mensajes que **él o ella** te envía.

El más allá no es un lugar lejano ni inalcanzable, y mucho menos debe ser un motivo de miedo o confusión. Como has descubierto a lo largo de estas páginas, conectar con los seres que amamos es un acto fluido y natural. No es algo reservado para unos pocos ni rodeado de misterio; todos tenemos la capacidad de sentir, escuchar y entender a aquellos que han partido. Al practicar las enseñanzas y herramientas que aquí te he compartido, verás cómo esta comunicación puede volverse una parte cotidiana de tu vida.

Recuerda que venimos del mismo lugar al que regresamos cuando dejamos este cuerpo. Desde ese lugar de origen, ya sabemos cómo comunicarnos; simplemente lo hemos olvidado. Este libro ha sido escrito para ayudarte a recordar, a reconectar con esa habilidad innata de hablar con los que están al otro lado. Porque, al final, no hay lados separados; solo una continuidad de amor que trasciende el tiempo y el espacio.

Escribir este libro fue un viaje lleno de energía, amor y **luz**. A lo largo de cada página, sentí la **guía** de todos los seres que quisieron ser parte de este proceso. Sus voces, sus mensajes, sus abrazos espirituales me envolvieron mientras trazaba cada palabra. Me siento infinitamente agradecida por haber sido un canal para que estas enseñanzas lleguen a ti, y por haber podido compartir con los **espíritus** que tanto me acompañaron.

Ahora, es tu turno de seguir el camino que hemos recorrido juntos en estas páginas. Confía en ti, en tu capacidad para conectar, y deja que tu corazón sea el puente hacia el más allá.

AGRADECIMIENTOS

Agradezco a los espíritus y almas que me han ayudado con cada palabra de este libro, pero a los que más les agradezco son a **mis abuelos**. Ellos son parte fundamental de este libro. Me siento tan honrada de que sean mis abuelos. En vida, fueron mis ángeles, y ahora, en el más allá, son mi inspiración. Fueron ellos quienes me despertaron a las cinco de la mañana para que pudiera escribir todo lo que hoy está plasmado aquí. Gracias, abuelos, los amo. Gracias también a los demás espíritus que se hicieron presentes con amor y luz.

También quiero agradecer a las personas que me sostuvieron y apoyaron incondicionalmente. En primer lugar, a mi compañero Álvaro, quien es parte de este libro. Él me apoyó desde el primer momento en que le dije que quería hacerlo y, además, me ayudó a levantarme de la cama cada madrugada junto con Kiara para que me develara y me levantara. Mi hija ha sido mi inspiración, quiero que más niños vivan una conexión con el más allá fluida y sin tabúes.

Quiero agradecer a mis padres por siempre estar, gracias por darme la vida, gracias por el amor incondicional, los honro y agradezco.

Agradecerle infinitamente a mi cómplice, amiga y hermana del corazón, Florencia, con su mirada y aportes, ayudó a dar forma a la información que contiene este libro, trayendo contribuciones tan importantes que hicieron de este un libro mágico.

Por último, a mi maestra y guía, Virginia. Sin ella, este libro no existiría. Nuestras almas se reencontraron en Montevideo Místico, y desde el primer momento supimos que el universo nos había unido para un propósito mayor. Gracias, hermana de luz.

GLOSARIO

- **Alma:** La esencia energética e inmortal de un ser. Es la parte de nosotros que continúa su existencia y evolución después de la muerte física.
- **Ángel:** Entidad de luz cuya función principal es la protección y el acompañamiento emocional. Un ser querido fallecido puede evolucionar para servir como ángel guardián.
- **Guía:** Entidad de luz que asume un rol de consejería y orientación, ayudando al individuo a tomar decisiones y a avanzar en su camino espiritual.
- **Luz:** Una frecuencia vibracional alta que representa el amor incondicional, la paz y la Fuente divina. Es el destino evolutivo de toda alma.
- **Médium:** Persona que sirve de puente o canal para comunicarse entre el plano físico y el plano espiritual, transmitiendo mensajes de las almas desencarnadas.
- **Plano:** Los diferentes niveles o estados de conciencia y vibración que las almas habitan durante su evolución.

BIOGRAFÍA DE LA AUTORA

Pamela Ravera

Desde que era niña, he tenido la capacidad de ver a seres fallecidos. Sin embargo, a los siete años bloqueé esta habilidad y, por
muchos años, no recordé los eventos que viví en mi infancia. Fue
un camino largo, pero cuando comencé a conectar con mi niña
interior y con la **luz** que soy, empecé a recordar la capacidad que
siempre ha estado presente en mí. A los veintidós años, tras haber
vivido un accidente que me llevó a buscar respuestas, comencé mi
camino espiritual. Inicié aprendiendo Reiki, una práctica que me
llamó la atención y que transformó mi vida. Empecé a sentirme
más feliz y en calma, y descubrí que podía ayudar a los animales
a través del Reiki ya que toda mi niñez hasta los veinticinco años
viví en el campo. Durante esas sesiones, a menudo veía siluetas a
mi alrededor, pero no sabía quiénes eran. Con el tiempo, aprendí
sobre los Registros Akáshicos, lo que me permitió entender
mejor el propósito de mi **alma** y mi camino en esta vida. Cada
vez que accedía a los Registros, veía a seres fallecidos que traían
mensajes para quienes estaban vivos. Durante mucho tiempo,
me negué a aceptar a mi don por miedo, pero finalmente decidí
que debía abrazar lo que me estaba sucediendo. Tomé cursos de
mediumnidad, aunque ninguno me dio las respuestas que realmente buscaba. Fue entonces cuando comencé a conectar con
Maestros Etéricos que me enseñaron el verdadero significado de
ser **médium**. Llevo más de seis años dando sesiones de Registros

y he trabajado con personas de todo el mundo. Me he autodeno-
minado **médium** desde hace dos años, y mi mayor motivación es
ayudar a otros a superar sus miedos, esos mismos miedos que yo
viví. Quiero que otros **médiums** recuerden su don, que lo han
olvidado o bloqueado por temor. Soy un **alma** índigo, y uno de
mis propósitos es ayudar a despertar a más hermanos de **luz** que
aún están en la oscuridad. Amo la naturaleza y a los animales, y
crecí durante toda mi niñez y adolescencia en el campo, donde
encontré la paz y la conexión que ahora trato de compartir con
el mundo. Disfruto de la energía positiva, la expresión corporal,
el arte y la escritura. Me encanta leer, meditar y disfrutar de momentos a solas con mi familia, sintiendo que aunque en edad soy
joven, mi **alma** es muy vieja.